性格も学力も志向も違う双子をひとりでサポートした母親の都立高受験リアル回顧録

著　都立高受験回顧録
編集委員会

一藝社

はじめに

保育園の0歳から15年間、同じ学校に通っていた双子の息子たち。高校は別々のところへ通うことになりました。文字にすると、今さらながら感慨深いものがあります。ふたりとも、第1希望の都立高校にご縁をいただくことができました。

入学した高校ではまだ1年生だというのに大学のオープンキャンパスへの参加が夏休みの課題。参加人数の制限があるため、どの大学のオープンキャンパスも、ウェブサイトからの申込み制です。

ネットの受付開始は朝10時や昼12時という大学が多く、子どもまかせにするわけにはいきません。GMARCHあたりの人気大学はすぐに満席です。キャンセル待ちを狙うしかなさそう。友だちと連れ立っていく子もいるのだろうけれど、我が家の〝坊ちゃん〟たちはすべてにおいて私まかせ。

暑い中、いくつかの大学のオープンキャンパスに参加しました。

デジャブか⁉

ようやく「受験」から解放されたというのに、またこの作業をしなくてはならないとは。これからどんなを勉強したいか、決まってもいない時期というのに。

1年生のうちはのんびりさせてあげたいと思いつつ、高校受験ではコロナ禍もあり、早めに説明会に参加して結果的には大正解でもありました。どちらにしても、親の負担は増えるばかりです。「受験親手当」があってもいいんじゃないないかな……。


さて。

都立高校入試に寄り添った保護者として、受験期を思い出し振り返り記録をしたのがこの本です。息子たちが進学した都立高校は、進学指導重点校、進学指導特別推進校、進学指導推進校ではありません。そういった受験情報をお探しの方にはご期待に添えず申し訳ありません。

インターネットで検索すると、都立高校受験を綴った保護者のブログがいくつもヒットします。そのほとんどがトップ層というか難関校狙いです。需要も多いだろうし、読み物としてもそのほうが楽しめます。

こうすれば子どもが伸びる、というような勉強法だとか、役立った教材の活用法、というものでもなく、あくまで受験の思い出を綴ったレベルです。

長男は塾なし（中2からタブレット教材と、短期の季節講習を受講する程度）、併願校（抑えの私立）はひとつだけ。

次男は中3の11月末から英語のみ通塾。抑えの私立併願校なし。都立第一志望が残念だった場合は、都立二次募集の受験を予定していました。

そんな人もいるんだ、と驚かれるかもしれません。

経済的な理由から（我が家は本人の希望もありましたが）そういう選択もあるんだと知っておいてほしいです。

自分で決めた学校だからなのか、実力相応校に入学したからなのか、ふたりともクラスで上位5位以内でした。中学のときとは比べものにならないくらいの好成績で、モチベーションも上がっています。

次男なんて、1学期末テストはクラスで一位。中学のときは間違いなく下位層だったというのに、驚きです。クラスでは「頭いいキャラ」なのだそうです。

「頭いいキャラ」に子どもが属す。

五十数年生きてきて、味わったことのない感覚です。人生、こんなこともあるんですね。


高校受験に限りませんが、受験にはお金がかかります。

というか、教育費、かけようと思えばいくらでもお金をかけることができちゃいます。

金銭的余裕のあるご家庭ならば何も問題はないのですが、我が家は違います。

「塾のお金がかさむから、ご飯はおかわりしないで。おかずはこれだけ、おやつはなしね」なんてことはしたくないし「高校に合格できたけれど、制服代払えない、どうしよう」なんてことにもなりたくない。

できる限り、いつも通りの生活をキープしつつ、高校受験というイベントに挑ませたい。

「せめて4月から入塾していれば、ワンランク上を目指せたかもしれないなー」

という後悔の気持ちがゼロ、というわけではないですが、それでも我が家ではベストを尽くせたと言えるし、コストパフォーマンスの面から見ると、満点じゃないかと思います。自画自賛と言われればそれまでなのですが。

成績が上がると子どもも変わります。自信を持って溌剌《はつらつ》としている子どもの様子を見るのは親としても清々《すがすが》しい。生きててよかった、とまで思えてきます。

高校受験、毎年何らかの新しい取り組みが発表されます。

令和5年度都立高校入試は、初の取り組みとして英語のスピーキングテスト（ＥＳＡＴ－Ｊ）を導入、令和4年11月27日（日曜日）に実施されました（追試は12月17日）。この結果が入試に活用されるとのこと。公平性を保てない等専門家から指摘されたり、保護者から不安の声が聞こえる中での強行実施でした。今後、このテストの形態が続くかどうかまだわかりません。そして、いくつかの私立高校では共学化が発表されており、学校選びの幅が広がる分、さらに混迷しそうな予感です。

都立入試についての情報は、東京都教育委員会のウェブサイトから発表されるものをチェックするのが確実です。中学から配られるプリントの情報と照らし合わせて、最新の情報を参考にしてください。ネットで見つけた記事は、コロナ禍前のものもあるので要注意です。

この本は、都立入試に関わった人たちが「うちもそうだった」と、うなずいてくれればいいな、と願いながらしたためました。ほんの少しでも参考になるところがあったらいいな、とも思っています。

優秀な高校を目指すだけが、高校受験ではありません。

受験への取り組みが本気に見えなくても、思ったような内申がとれなくても、家庭にお金がなくても、「その子に合った高校受験」ができれば、必ず結果につながるはず。

２０２３年12月　都立高受験回顧録委員会

＊この本に掲載されている内容は、令和４年２月の東京都の高校入試を経験した保護者の記録です。
＊個人の特定を避けるために内容を一部変えてあります。
＊掲載されている情報は受験当時、執筆当時のものです。必ずご自身で改めて調べ直してください。

目次

はじめに
＊学校選びの第一歩――10
＊高校受験を意識した時期は？――13
＊都立高校入試のしくみ――18
＊予約とるのも大変な学校説明会――23
＊学校説明会で何を見る？――27
＊Vもぎって何？――32
＊内申美人内申ブス――36
＊塾に行かせるお金が惜しい――39
＊学校選び。第一希望と抑え校――42
＊調査書の諸活動の記録とは？――54

＊推薦入試は誰でも受けられる？――57
＊出願と倍率――59
＊受験当日、ついていく？――62
＊息抜きと体調管理――65
＊双子の進路面談――69
＊学校説明会、私立と都立――72
＊筆記用具ほか持ち物あれこれ――75
＊親の息抜き――78
＊昔の高校受験ノウハウ本を読んでみた――82
＊合格してから――86
学校選びのポイント 88
お役立ちサイト&情報 89
受験期のつぶやき 92

※都立校の入試について　本来は「受検」が正しい表記ですが、この本では「受験」としています。

＊学校選びの第一歩

双子は別々の高校で、制服も体操着も違います。体育で使う水泳パンツも違います。片方の学校は中学のものをそのまま使ってよかったのですが、もう片方は学校指定がありました。しかも微妙に値段が高い。販売店と何か癒着でもあるのでしょうか。申請してみれば、中学のものでもよかったのかもしれませんが、面倒なので指定のものを買いました。

山のように購入した教科書もほぼ同じではあるけれど、副教材は違うのもあり、1学期に習う授業も違います。令和4年度入学生から始まった生徒一人1台端末、TOKYOスマート・スクール・プロジェクトで指定された購入端末は、ふたりとも同じ機種でした（まぎらわしい）。

コロナ禍のためという理由で、片方が通う高校は1時間始業時間を遅らせ40分の短縮授業が1学期末まで続きました。説明会では「在校生は自転車通学約8割」と話していたので、地域密着タイプといったところでしょうか。

かたやもうひとりが通う高校は、繁華街近くに位置しています。都会をめざし、都内のあちこちから、2時間近くかけて通っている同級生も多くいます。

入学してみないとわからない、同じ都立でも結構と違うものなんだな、という感じです、「立地」は高校選びの条件の一つ。

「家の近所」を選ぶか、「便利な場所」を選ぶかで（便利な場所イコール家の近所ということもあるかもしれないけれど）、生徒の雰囲気はかなり違うはず（保護者の学校行事参加が難しく、そこまで生徒の比較ができてはいないのですが）。

我が家の高校選びの条件は「家から○○線だけで通える範囲」。

乗り換えがあると定期代がグンとあがってしまうため、という理由からです。

「それならば徒歩や自転車で行ける学校がいいんじゃない？」のですが、徒歩・自転車圏内で、息子たちが第一希望にしたい高校はありませんでした。

都内は高校がたくさんあるので、学校選びもどこからはじめたらいいのかと悩みますが、立地から攻めていくのはおすすめかもしれません。

通いやすさは大きなポイントです。

譲《ゆず》れない条件を挙げて、学校選びをスタートするのもいい方法かもしれません。

＊高校受験を意識した時期は？

10年前くらいのことと記憶しています。地元の中学にお子さんを通わせている知り合いが、「娘の中学の面談で担任に『塾はなんて言ってましたか？』って聞かれたんだよね。通塾してることが前提なのよね」と話していたこと。これ、今でも忘れられません。

高校受験を意識したのはこれがきっかけだったかなと思います。

いや、もしかすると、息子たちの「○○○（仲良しの同級生の名前）とオレたちだけ、塾に行ってないの」というたわごとを小4で聞いたことがきっかけだったかもしれません。

中学受験じゃなくて高校受験のために小学校から塾通いですって？

小4だから、5 6中1 2 3。6年間も塾の費用がかかるってこと？

子育てってお金かかる……。

それって頭いい人だけだよね？（弱気）
考えてみたら、40年以上昔、自分も小学校時代から塾（補習塾ですが）に通わせてもらっていたっけ、なんてことも思い出しました。

とにかく、「高校受験に塾は必須」らしいということ、これにかなりビビってました。

それに加えて、その頃、

「息子（中学）と娘（小学校）の卒業式がかぶっちゃって〜夫と手分けして行きましたぁ」

などというSNSの投稿を目にして、

「は？？？ツガイで手分けできてりゃいいじゃないの、こちとら保護者ひとりだよ」

と毒づいていたこともありました。

受験が重なるのはきょうだい育児でよくあることですが、我が家の場合は双子ですから。しかも親は私ひとり。

ふたりいっぺんに受験、こなせるのか、私……。と不安にさいなまれていた、当時。SNS

に不安を書きこんだら、複数の友人知人から
「そんな先のことを心配するな、今を大事に」と、アドバイスがありました。
そうだそうだ、4年先5年先の高校受験よりも、来年の日光（移動教室、いわゆる修学旅行）を心配しよう。
バス酔いする長男や、小児喘息の次男の心配のほうが先じゃないか、と心を落ち着かせました。

一馬力の良さもあります。

「夫婦で意見が割れるより、ひとりで決められるほうがラク！」というアドバイスもありました。

全くもってその通り。


ありがちなのが、併願校の私立選び。

「〇〇なんてオレの頃は名前書けば誰でも入れた男子校だ」というような類です。

〇〇〇も、今じゃ立派な進学校（共学）で、昭和平成の評判は、令和には通用しません。

受験シーズンに入り、中学から配布されたプリントにも要注意事項として似たようなことが書いてありました。誰かの抑え校は、誰かの第一希望。〝滑り止め〟、という表現も避けるようにと言われていました。

また、優秀層は併願優遇を利用せずに、私立高校をいくつも受験するという方もいます。そもそも第一志望が私立だと、首都圏の難関私立総ざらいという勢いで受ける方もいます。難関校制覇というような感じがしなくもないですが（塾の意向でしょうか）、いろいろな受験パターンがあるのが、都内近郊の高校受験です。

そんなに急がなくても、と周囲には言われましたが、少しでも早い時期に高校受験を意識しておいてよかった、と今になってつくづく思います。

何より、コロナ前に高校の文化祭に子どもを連れて行けたことは大正解でした。

何となく、高校ってこういうところ、というのが本人なりにつかめたと思うのです。

コロナ禍になり、どこも文化祭が中止になりました。

開催されても、受験生や受験生の保護者は参観不可で、在校生の保護者のみ、というところもいまだに多いです。

受験生が文化祭に気軽に足を運べる日はいつになるんでしょう！

自分の子どもたちの受験期が、学校説明会さえも自由に参加できないようになるなんて、受験時に感染の危機があるなんて。誰も予想できませんでした。

一寸先は闇。

備えあれば憂いなし。

志望校ではなくても、高校の雰囲気を知ることで受験へのモチベーションアップには繋がるかもしれません。文化祭見学のチャンスがあれば足を運ぶこと。早め早めの行動を、心からおすすめします。

＊都立高校入試のしくみ

２０２２年7月28日、東京都教育委員会が、２０２１（令和３）年度公立中学校等卒業者（２０２２年卒業）の進路状況調査の結果（速報値）を公表しました。

高校等の進学率は前年度比０・０１ポイント増の９８・５３％。全日制は前年度比０・６５ポイント減の８８・３６％、通信制は前年度比０・４１ポイント増の５・４７％でした。

参考までに、２０２２年度の高校等進学率は、神奈川県が９９・０１％、埼玉県が９９・1％、千葉県が９９・０％です。

進路状況調査は、東京都教育委員会が毎年実施している「公立学校統計調査」のうち、２０２２年3月に東京都の公立中学校等を卒業した者の進路状況（速報値）について取りまとめたものです。

調査対象は、都立公立中学校６０８校（分校1校、都立中学校5校を含む）と義務教育学校

8校の計616校。2022年5月1日時点で調査しています。

2021年度公立中学校等卒業者は7万7188人。前年度の7万3847人から3341人増加。このうち進学者（進学者のうち就職している者を含む）は7万6050人で、前年度より3294人増加。進学率は前年度比0・91ポイント増の98・53％です。高校全日制の進学者は、前年度比2473人増の6万8204人。高校全日制の進学率は88・36％で、前年度より0・65ポイント減少しています。高校全日制の進学者の内訳は、都内公立3万9121人、都内私立2万5570人、都内国立293人、都外（他県）3220人。

一方、高校通信制の進学者は、前年度比486人増の4221人。高校通信制の進学率は5・47％で、前年度より0・41ポイント増加しています。高校定時制の進学者は前年度比297人増の2580人、特別支援学校高等部の進学者は前年度比38人増の1045人、専修学校等入学者は前年度比23人減の474人、就職者等は前年度比23人減の97人。その他の者は前年度比90人増の563人で、このうち在家庭者は452人、在家庭者以外の者は111人でした。通信制の高校への進学者が増えていることがわかります。

学区制は２００３年に撤廃されました。現在は東京都内に住んでいれば、どの都立高校でも受験が可能です。東の端っこ小岩から西の端っこ八王子まで通えます。

しかし、コロナ禍でテレワークが増えたとはいえ、どの路線も朝夕はまだ通勤通学ラッシュです。通学時間があまりに長いのは子どもにはつらいのではないかなと思います。

さらに厳密に言うと、「入学式までに保護者と都内に転入することが確実」であれば、今の居住地がどこであれ、どの都立高校にも応募が可能です。

しかし、都立高校の受験は一筋縄ではいかないところがあります。

受験当日の学力検査の結果だけで合否が決まるわけではなく、中学校の９教科の評定を点数化した調査書点（いわゆる内申）も重要視されるのが都立入試の特徴です。

当日の学力検査と調査書の比率は７対３。

実技４教科（体育・音楽・美術・技術家庭）は２倍にして計算するっていうのだから尋常じゃない（大げさか）。運動苦手、音痴、手先が不器用、という子にはハンデが大きい。先生との関係性が微妙なタイプもハンデが大きいといえるのかもしれません。

内申が取れそうもないから高校受験を避けて中学受験だとか、都立は最初から受験せずに私立一本、という子が増えているのはおそらくそういった理由からだと思います。

在籍する中学校、担当する先生によって内申点の付け方はさまざまです。

甘い付け方をする先生もいれば、反対にシビアな先生もいます。

中間テストも期末テストも満点なのに通知表は「4」の子もいれば、80点程度でも「5」がつく子もいます。また、学校自体のスタイルが「5」をつけ放題のところもあります。

内申点は以下のような形で公開されています。

https://www.metro.tokyo.lg.jp/tosei/hodohappyo/press/2022/03/24/documents/10_03.pdf

内申システムっていったいなんなんでしょう。社会の理不尽さを知る第一歩のような気もします。とはいえ、我が家の息子たちが今現在、在籍する高校で上位をキープできているのは、そのシビアな内申点のおかげとも言えるかもしれません。

中学受験したものの、成績不順や、馴染めない、といった理由から、そのまま上の高校に進学せず、都立高校受験を考えているケース。

そのケースは、できるだけ早めに地元中学への転校をおすすめします。

同級生がエスカレーター式で高校そのまま進学するのんびりした状況の中で、ひとり受験勉強をする。この状況は、15歳にはキツイです。「せっかくだから中学は卒業させて、高校は都立に入ってくれれば」という考えもわからなくはない。

とはいえ、都立高校受験のノウハウを私立中の先生が完全理解は難しい。特に内申点のシステムは受験を経験した親でさえ、謎なところが多いのです。地元中へ転校して、公立中学の先生と二人三脚で都立高校受験へ向けた対策をとるのが最善だと思います。

＊予約とるのも大変な学校説明会

新型コロナウイルスによる世界的パンデミック。この原稿を書いている２０２２年秋でさえ、日本国内はマスクをつけた人だらけ。

都内の感染者数はなかなか減らず、いつになっても終わりが見えないコロナの状況。コロナ禍前は、何の心配もなく学校説明会に参加できていたのに。

受験を予定している学校は必ず一度は訪れておきたいものです。機会があれば、同じ学校でも複数回足を運んでおくといいでしょう。印象が変わる場合もあるし、短時間の一度きりじゃ見えてこないものもあります。

両親ともにその高校が出身校であるとか、年齢の近いきょうだいが通学中である、とかならまだしも、一度も実際に見学せずに受験本番が初めての訪問、なんてことは併願校ですらやめたほうがいいです。

私立の場合は、時間外の見学も対応してくれるところもあるのですが、都立は都の要請やらマニュアル厳守なのか、わりとシビアな感じです。

人数制限を設けた学校説明会や施設見学会、部活動体験はすべて予約が必要。ウェブサイトからの申込みになるので、本当に保護者の負担が大きいんですよね。

人気校は受付開始とともにサーバーダウン、つながったときには予約終了、なんてこともザラ。いつになったら学校見学できるのか……イライラがつのりました。

学校によるのですが、キャンセル受付や説明会の日程追加などもあります。マメに高校のウェブサイトをチェックするしかありません。

肝心なのは、子どもを同伴させること。追い込み時期だから、勉強させたい、と考える気持ちもわかりますが。

しっかりしたお子さんであれば、子どもだけの参加でも大丈夫かもしれません（自校作成校の入試問題説明会は受験生だけの参加です）。

しかし、普通の子の受験なら、保護者だけの参加はしてもあまり意味がないかな、と思います。親が「ここの学校がいい」と決めて受験して入学したところで、通学するのは子どもですから。

万が一、入学した学校と子どもがしっくりこない場合、「お母さんが決めた学校だったから！」と全面的に「親の責任」になってしまいます。受験する学校の候補は子どもと相談しながら、そして最終的に「子どもが選んだ」という形にしておくのがベストであり平和です。

学校説明会は「友だち同士で行ってはダメ」という中学校もあります。

息子たちの中学はそうでした。

コロナ禍前は友だち同士で行くことも普通だったのでしょうけれど。友だちと一緒だと、おしゃべりしちゃいますから。

服装は、子どもは標準服（中学の制服）で行きます（私服の中学なら地味めな格好で、ハーフパンツやミニスカは避ける）。大人は、普段着よりもややきれいめ。都立高校の見学は、ジーンズ姿でも問題ないかとは思います。

短パンやタンクトップなど露出の激しい格好でなければ、浮くことはないです。中学校の保護者会へ参加するときの出立ちくらいが目安、でしょうか。

私立の場合はジーンズは控えておいたほうがいいかもしれません。

都立と私立でこんなに違うの？　というくらい、ドレスコードが違っていました。

都立私立ともに、上履きは持参します。たまに土足のまま入れる学校もあります。持参必須の場合も、忘れたらスリッパを貸してくれるので大丈夫ですが、貸出スリッパはとにかく歩きづらいです。

校内見学で、階段の昇り降りが多く、貸出スリッパで転びそうになりました。履き慣れた自分のものを持参しましょう。

＊学校説明会で何を見る？

暑い中、せっせとあちこち参加した学校説明会。寒くなってからも、いくつか参加した学校説明会。オンラインで参加した説明会もありました。

今となっては懐かしい思い出ですが、学校側からの説明を聞くほかに、何を見ておくといいのでしょうか？

都立はどこも変わんないだろう、と思っていましたが、意外にそうでもありません。私が出向いた都立がそうだったというのもありますが。

全体的に建物は古いのが都立高校です。

都立高校の場合、先生は異動があり、定期的に入れ替わってしまうので、学校のカラーというものは生徒が作るという気がします。「ここの高校はこんなイメージ」という一般的なイメージやカラーはあるので、それに合った子が入学する、そのことで学校のイメージが根付いていることはあるかもしれません。

都立の先生の印象は、正直、中学校と変わらない印象でした。説明会のときなど、高校生になる受験生なのだから、もう少し大人扱いしてくれるといいんじゃないかしら、なんて思う場面もありました。

校内の見た目は似たり寄ったりの都立高校も「なんか違うな（うちの子が通うところじゃない）」という印象を受けたところはあります。

私立になるともっとその違いは顕著です。肌感覚でわかるというか……。「あ、ここうちの子は入れたくない」というところもちらほら。

それか、説明会の当日、朝起きた時点で、「（説明会）もう行くのやーめよう」みたいな気分になることもありました。

霊感があるわけじゃないのですが、何なんでしょう。「行こう」と言う気になれない。そんな日は、電車の事故で不通になっていたりして。第六感がはたらいたのかもしれません。

こういう「なんか違う」というインスピレーションは大切です。

見た目でチェックしておきたいのは清潔かどうか、掃除が行き届いているかどうか、生徒のロッカーの散らかし具合。綺麗なほうがいいのだけれど、整い過ぎているのは先生の管理が厳しいからなのかとか、勘ぐってしまいます。

都心の高校はコンパクトな学校も多いので、校庭が広い学校はそれだけで人気が高いところもあります。

私立校は、曜日ごとに別の場所にある校舎に登校という学校もあります。スポーツ系の部活は別のグラウンドで活動するところも。交通費がかさみますね。

都立ではエアコンが設置されていない廊下が部の活動場所ということもあります。夏場はキツそうです。

在校生の雰囲気は、その校風と合致している、と言いますが……。

私立は多少感じることができたのですが、都立では在校生を見かける機会が少なくて、どんな雰囲気なのかが、なかなかつかめずにいました。

そこで気にかけてみたのは、一緒に会場で説明を受けているほかの受験生&保護者です。

この人たちと同級生になるのか?

この人たちと同じくくりの保護者になるのか?

そう考えたときに、「しっくりくる」のかどうかを考えてみました。

コロナ禍ですし、高校ですし、小中ほど保護者の出番はなくなります。しかし、それでも、在校生保護者にしっくりくるかどうか、は見極めのポイントかと思います。


都立高校は2022年度から、下着の色の指定やツーブロックと呼ばれる髪型の禁止などいわゆる「ブラック校則」の一部が撤廃されました。

都立高校の校則や生徒心得は
学力難易度高い=自由
学力難易度低い=厳しい
という認識でほぼ間違いないです。

現役高校生が制作している、全国の公立高校の校則を順次掲載しているウェブサイトを見つけました。校則の全てを網羅しているわけではないですが、見比べることで学校選びの参考にはなりそうです。もちろん、最終的には受験校のホームページ、説明会で確認することを忘れずに。

全国校則一覧

kousoku.org

＊Ｖもぎって何？

「ぶいもぎ」と読みます。「Ｖもぎ」とひらがなのロゴが印象的。もぎって、模擬試験のことですね。

進学研究会という会社が主催する、受験生対象の高校入試のための模擬試験で、都立が第一志望の中学生の過半数は、こちらの「都立Ｖもぎ」を受けるのではないでしょうか。

実は「直前に一度受けておけばいいかな」くらいに考えていたのですが、結局、二人とも複数回受けました。お金がかさみます。「模試手当」欲しいですね。

Ｖもぎは６月から翌年１月まで試験が実施され、割引になる回数券もあります。私立Ｖもぎや進学重点校向けの自作校模試もあります。

似た名前にWもぎ（だぶるもぎ）があり、こちらは創育／新教育研究協会という会社が主催する模試です。

早慶、筑駒、日比谷・西といった超難関校を受験するなら、駿台模試のほうがおすすめかもしれません。駿台模試は中1から受験できて、値段は3教科で6200円、5教科だと6500円とお高めです。

一般的な都立高校を受験するならVもぎ、Wもぎで十分です。

息子たちは、都立Vもぎを3回受けたと記憶しています。双子だから、かかった費用は2倍です。長男は自宅での模擬も経験しました。通塾していなかったので自力で（保護者である私が）申し込みをしなくてはならない。

これがまた説明会以上に予約が大変です。

交通の便のよい試験会場から埋まっていくので、気づいたときには我が家から2時間近くかかる某私大の相模原キャンパスしか空いてないという（涙）。

初めて行く場所だから、初回は付添いました。遠かった。

さすがに終了までは待っていられないので、帰りは自力で帰宅してもらいましたけれど。


次男は秋から通塾していたので、塾経由。

いついつのVもぎを受験する、と塾のウェブサイトから登録しておけば自動的に模試会場に申し込んでくれるんです、近所の会場で。

しかも、値段も少し安く設定されています。

こうした便利さが通塾の良さなのかな、と思います。家庭内で塾有り無し2例の受験が同時進行なので、両方の長所短所がよくわかります。


志望校判定の目安を知ることで受験対策ができる、本番に近い状態で試験慣れのために、くらいの気持ちで十分。一度は受けておいたほうがいいと思います。

結果は自宅に届きます。解答を細かく分析してくれるのですが、結局目につくのは判定結果。

S判定なら90％以上なので余裕で合格、A判定で80％合格安全圏内、B判定は60％合格圏内です。Cは40％以上で、まだまだ巻き返し可能か。D判定20％以上E判定19％以下。9月でこの判定ならば死ぬ気の巻き返しができるかもしれませんが、志望校変更も要検討というところでしょうか。

とはいえ、あくまで「もぎ」は模擬。模擬試験です。

当日の受験結果には何の影響もありません。

判定や点数が悪くても気にしない。

とはいえ、気になっちゃうものですけれどね。

＊内申美人内申ブス

今どき、美人やブスなど使用したくないのですが、とりあえず受験隠語として説明します。
受験生の実力よりも内申がよいこと＝内申美人
受験生の実力よりも内申がよろしくないこと＝内申ブス
という認識です。

内申点というのは、通知表の「1」「2」「3」「4」「5」という評価点のことです。難関進学校を目指す子の成績は全教科オール5が当たり前と耳にします。あっても「4」が一つだけ、とか。

我が家は素内申、ふたりとも同点でした。
ということは「同程度のレベルの高校に通っているんですよね」って思いますよね。

それが違うんです。

学力検査（受験当日）の5教科合計点数、ふたりを比較すると100点くらい差があります。

内申は、長男は数学と理科が得意で、実技教科は音楽以外まるでダメ。

次男は、英語と数学がまったくダメ。実技教科はすべて4以上。


現在通学中の高校は、2ランクくらい違う感覚です。今はふたりともテスト順位はそこそこいいほうですが。

次男は内申ブス気味、長男は完璧に内申ブスだったということがわかります。

もしくは、内申辛めの中学だったということになるのかもしれません。他の同級生の内申点をみんな知っているわけではないので、憶測でしかありません。


総じて女子は男子に比べると真面目だったり要領がよかったりするため、内申美人が多い、と言われています。

「4」と「5」ばかりの通知表だから安心していると、受験当日、痛い目に合うかもしれません。

内申点を基準にして学校選びをすると、当日の受験結果により、残念な結果になることも考えられるからです。

やっぱり、外部の模試を受けて、学校以外の場で実力を測っておくことが大切であり、必要、ということなんですね。

「あれ、あの子あの学校なんだ。もっといいとこなのかと思ってた」という子は、たしかに女子でした。

＊塾に行かせるお金が惜しい

物欲の塊の我が子たち。

小学校時代から、自転車が欲しいだのポケモンカードが欲しいだの、泳げないからスイミングに通わせろだの、お金のかかることばかり口にするタイプです。

受験のため塾に通わせるのは最後の手段、と決めていました。早くから通塾していたらいくらでも講座を追加しちゃいそうです。いざとなったら直前だけ行かせる方向で、それまでは自力でなんとかなってほしいと考えていました。

長男は、やればできる子なのだがやらない子。

「塾は絶対にイヤ」というので、タブレット教材を中2から（遅い）与えていました。一番リーズナブルな価格設定の教材です。

自発的には取り組めなかったけれど、受験生になってからはそれなりにやっていたかと記憶していますどのくらい進めたかは逐一チェックはしていませんでした。費用は月々7千円くらい、12ヶ月一括払いだと少し安くなります。8万円くらい一気に払ったこともありました。副教科まで9教科利用できてこの値段は、確かに塾よりはリーズナブル。

ちょっとしたトラブル、例えば、Wi-Fiがつながらないとか、タブレット機器の不具合とか、親が対応しなくてはいけないので、それが面倒かもしれません。

次男は、数学と英語がからきしダメ。

どちらも1学期末の成績は「2」でした。

夏休みに本人が頑張って1年生からやり直し、どうにか挽回できたのが、数学。2学期の中間は数学は「3」にあがっていました。

11月、「塾に行かせてほしい」と次男から真面目な顔で申告がありました。

数学英語は受験のキモですから、「できれば両方受けたい」というけれど我が家にそんな余裕はありません。

そこで知人たちに聞いてみました。

高校受験のための塾通い。

数学と英語、両方の科目をとることはできない。

どちらを優先すべきか？

多くの友人が、文系にいくならもう数学は捨てていいかも、英語のほうが大学受験には重要
だから、という意見でした。

数学は自力で2から3にすることができた子なので、塾にお願いするのは英語に決めました。


それからは通える範囲の塾をリサーチしまくりました。

自宅から二番目に近い塾がいいと本人は希望しましたが、授業料が高くて断念。

自宅からいちばん近い塾に決めました。

*学校選び。第一希望と抑え校

現在、都立高校の数は200以上。その中から我が子が目指す学校をどうやって決めたらいいのでしょうか、悩むところです。

「どんな高校生活を送りたいか？」これにつきると思います。

やりたい部活があるとか、家から近いところとか、中学の先輩が行ってるところ、だとか。

いくつかリストアップして、見学しつつ絞っていくような感じです。

このコロナ禍で、「文化祭を見て」という学校選びをできないのが受験生たちがかわいそうなところです。今年の文化祭はどれくらい受験生にオープンにできたのでしょう。

我が家の場合は、いくつかの都立高校を周り、子どもたちの成績と照らし合わせて学校を選びました。

まずは長男。

最初は（主に私が）迷走していました。

漠然と「推薦で大学に入ってほしい」、と思い、自宅からもさほど遠くない商業高校に目をつけました。

何度か親子で説明会に参加してみて、校長先生の話のわかりやすさから、長男も私も良い印象を受けました。

高校も「うちの高校はたくさんの大学の推薦枠を持っています」とアピールしていました。

その基準をみると「評定4・2」とか「評定4・5」です。

そこで、はたと気づきました。

「推薦て、内申て、高校だって全教科対象だよね？」と。

長男は実技教科は音楽以外はよろしくなくて、体育や技術家庭が2になる可能性大。

いくらほかの教科が5だろうが、副教科が良くなければ足を引っ張ることは明確です。つまり、校内推薦とれません、これでは。

となると大学は一般受験になりそう、それならば普通の都立高校のほうが現実的なのでは？

あらためて、自宅からほど近い範囲の都立を探し直しです。

実力相応からやや上、よさそうな都立高校と、実力相応と思える、自主自律がウリの都立高校、2つの見学会をなんとか予約し、でかけてみました。

「やや上」は、説明のビデオも部活動から学校行事までまんべんなく流してくれて、校長先生のお話でフォロー。わかりやすくてなかなかよい感じでした。

しかし、ここを狙うならば心を入れ替えて本気以上に勉強しないと無理。

「自主自律」の学校は、説明会もフリーダム。

順番に指定された教室に入ると、あらかじめ投影されているビデオで部活動が説明されていますが、ひとつの部活の紹介が微妙に長く、結局、運動部の紹介しか見ることができませんでした。

途中で部活動ビデオは切り上げられ、全体説明もほぼないまま、校内見学に移ります。生徒は登校していないし、部活も運動部しか活動していません。長男は運動部には全く興味なし、なので、「文化部が見たいのに」と不満げ。

ここはおそらく今の勉強量でも大丈夫なはず。ですが、足を運んでも長男も私も結局どんな学校なのだかわからずじまい。第一希望にはなりえません。

どうしたもんか……いっそのこと私立か、と思いつつ、志望校が決まらないまま年末も近づいてきたある日。

都立高校受験ノウハウを紹介をするYouTubeをだらだらと流し続けたままにしていたら、ある高校の部活の動画が流れてきました。今どきの高校はYouTubeでの学校紹介も多いのですね。

部活の動画に釘付けになった長男が一度に見てみたいと言いました。実は「キラキラした派手な子が多い」という噂により、「地味な長男には合わないのでは」と躊躇していた都立高校です。

百聞は一見に如かず。

学校のウェブサイトを見てみると、年内の学校説明会はすでに終わっており「見学したいなら個別に電話を」と書いてありました。

早速電話して平日夕方に見学を予約。

当日は道に迷いに迷って指定された時間ギリギリに学校着。

冬は暗くなるのが早いので、方向音痴な人は気をつけましょう。


他に5組くらいの受験生親子がいました。

少人数でじっくり説明を聞くことができ、校内を案内してもらいました。期末テスト前だったため、部活動をしている生徒はいなかったけれどテスト勉強をしている生徒はいて、在校生の雰囲気はわかりました。

授業は文系寄りの学校なので、理系な長男にとってはハンデありだけれど、「それでもここがいい」というのでこちらに決定。


次男の場合。

都立高校、一番近所は入れるけれど行きたくない。

二番目近所は学力は適正くらい、見学したけれどピンとこない。希望を尊重しました。

三番目近所、余裕で入れそうです。でも第一志望にするほどではない。

他にちょうどいい感じの都立ってないかしら、と探していたら、電車で15分の隣区に高校を見つけました。

息子たちが通う中学からの進学者はここ何年もいなかったので目に入らなかったのでした。穴場の高校です。一度見てみよう、と長男も一緒に3人で学校説明会へ。

先生の説明からは、自転車通学が8割近くを占めるとのこと。

なるほど地域密着だから、息子たちの学校からの進学者がいないのかと納得。説明からは、わりと厳しそうな印象を受けました。真面目な次男は「ここでもいいかな」と。

こんな感じで、ふたりとも第一希望の都立が決まりました。

さて、抑えの私立はどうするか。

中3、1学期末の3者面談で、担任の先生からは「このあたり」と、いくつかの私立校を夏休みの間に見学に行くように言われていました。

はじめは、あっさり予約がとれた都心の男子校。息子ふたりを連れて行きました。

受付すると、すぐに担当の先生おひとりがつきっきりで説明をしてくれます。

「双子なのに、似てないね」と、フレンドリーに話しかけてくれて、男子校の楽しさと面倒見の良さをアピール。ノートPCで、学校紹介のビデオで生徒の普段の様子もじっくり見せてくれました。

息子たちの1学期末の成績から、すでに併願優遇のレベルはキープしているため、「ぜひ、我が校へ」というウエルカムな雰囲気を醸し出してくれました。

とくに惹かれたのは「双子割引もあります」と言う言葉。これはありがたい制度です。どこの私立高もあるのかと思ったら、意外とないのが、きょうだい割引。

しかし、この学校はもともと学費が高いのです。

さらに地元を走る○○線から東京メトロへ乗り継がないとならないため、通学費もかさむのがネックです。

次は○○線だけで行ける、某男子校へ。

満席の体育館。ここの学校はコース別で、それが7コースもあって……コース説明だけで説明会の時間が終わっちゃうじゃない、と思っていたところで「2023年度から共学化します」との宣言。

再来年ということは、息子たちの一学年下から共学。ちょっと微妙かも。息子たちの学年は男ばかりなのに。

夏休みが終わり、秋にならないと説明会をやらない共学校も見学しました。

ここは、「絶対に共学がいい」という次男の希望。

抑え校まで別々なのは面倒だから、ふたりとも併願ここでいいか、と考えていた学校です。

中学で開催された説明会にも来ていたし、息子たちが通う中学から進学する子は多いので、安心感もありました。

ところが、足を運んでみたところで、どうもピンとこない。

それどころか、なんか違う感じです。説明してくれる内容も、イマイチな印象。多すぎる説明会参加者をただ左から右へさばいている感じが否めない。校舎も校庭もコンパクト過ぎてガリバーになった気分です。あきらかに狭い。

ここに通う息子たちの姿が想像できません。子どもたちもさして興味を惹かれた感もありませんでした。

しかし、成績がそれほどふるわない共学志向の次男が抑えられる私立は、もう手札がありません。

どうしたものか。

よい方法はないか？

いいこと思いついた！

抑えも都立にすればいいんだ！

というか、抑えられないけれど、一次で残念ならば、二次の都立を受ければいいじゃない？

まるで「菓子がなければパンを食べればいいじゃない？」的な感じです。

失礼ながら、あの都立ならきっと例年どおり定員割れしているだろうし、二次募集は必ずあるはず、受かるはず。


ネットで検索してみると「都立一本」という受験生は少なからずいるようです。

抑えの私立の受験料だって馬鹿になりません。

このご時世ならなおさらのこと。

担任の先生に「共学志望の次男に良さそうな抑えが見つからない。残念だったら二次募集で都立の○○高校にしたい。○○高校はちゃんと親子で見学にも行き、たとえ入学することになっても納得している」と相談してみました。

すると「『ピンとこない』という印象は大事にしたほうがいい。毎年誰かしら都立一本の子はいるから、それは心配しなくて大丈夫」とのこと。

ホッと胸をなでおろしました。

奇策なのかと思ったけれど、「都立一本」という家庭は毎年何人かはいるのだそうで、知らないだけで意外とあるパターンのようでした。

次男は都立のみ、だから塾にも通わせることができたのだし（順番逆だったかな）。

そして長男の抑えはどうする？

学校選びの目安として決めていた「○○線だけで通える学校」。この条件を少し緩めてみました。

○○線だけではなく、△△駅で乗り換えて、□□線の◇◇駅にある男子校を見つけました。中学もある学校なので、候補から外していたのでした。

中学からある場合は、高校から入ってきた子たちはよそ者っぽくなってしまわないかと心配でしたが、この学校、高校からの入学者のほうがメイン、ということがわかりました。

さらに、この学校は特待生制度があるので、長男の学力ならそれに乗れるはず。

施設費や学費が無料になるのなら、交通費がかかるくらいは問題ないでしょう、という結論にいたりました。

何度か説明会に参加した印象もよかったです。古いけれど手入れが行き届いた清潔感ある校舎、駅からそんなに離れていないのに静かで緑が多く環境は申し分ない。

私立男子校ならではの手厚さは、いい面もそうでない面（過保護になりすぎちゃうんじゃないかという心配）もありそうですが、マイペースな長男には合っている感じ。

スポーツ推薦も幅広く行っている学校で、息子たちの在籍中学からも、スポーツ推薦の子が過去数名進学していました。

長男の担任からは「体育会系の学校のようだが大丈夫か？」と心配されたのですが、説明会で聞いてみると、生徒の半数は文化系だとのこと。これなら体育が苦手な長男も安心です。

特待生を狙って頑張れ、長男。


抑え校も決まり、あとは本人たちのやる気次第！

＊調査書の諸活動の記録とは？

『諸活動の記録』を「都立高校入学者選抜実施要綱」から抜粋します。

道徳及び特別活動等並びに、その他の学校内外の活動のうちから、特筆すべき活動を取り上げ、その活動の事実や実績を、所見を除いた客観的な記録として記入する。また、顕著な成果のある活動だけでなく、次のような活動についても記入することができる。

ア：本人が積極的な態度や意欲をもって取り組んでいる活動。　イ：本人の人間形成上好ましい影響のある活動や他の生徒に好ましい影響を与えている活動。　ウ：本人の中学校3年間における継続的な活動又は各学年における特筆すべき活動。

〔例〕・（例）・図書委員として「図書だより」の作成を担当（第3学年）

・○○検定○級を取得（第3学年）

抜粋ここまで。

調査書には中学校3年間の活動を高校に知らせるために「諸活動の記録」という記載欄があ

ります。

息子たちの中学では、まず、記載を希望する内容を自己申告して↓先生に調査書を作成してもらう↓間違いがないか家庭で確認↓学校から受験校へ提出、というシステムでした。

英検や漢検、数検などの検定を記載することができますが、調査書に書けるのはあくまで「中学校時代の取り組み」についてに限定されます。

例えば「小学6年生のときに英検2級を取得」していても、この調査書に記載することはできないのです。小さい頃から検定を受けていたご家庭は要注意です。

学校外での活動もここに書くことができます。

「頑張った」みたいな主観的な表現ではなく「〇〇大会で入賞した」というような「結果」があったほうがいいです。

この諸活動の記録は内申点と違い、点数化されるわけではないそうですが、ならばなぜ提出させるのでしょうか。もしも試験で同点が何人かいて、合否の境目になったとしたら、諸活動の記録を参考にして選抜される可能性がゼロ、とは言い切れないのではないかなと思います。

検定試験をとっていなかったり、部活動や委員会に参加していなかったりした場合、書くことがなくてピンチです。

息子たちの中学では、記載することが見当たらない子向けに学校側が「校庭の落ち葉掃きボランティア」を企画していました。

子どもまかせだと、せっかくのチャンスもスルーされてしまうので、学校からのプリントは必ずチェックして、すかさず参加できるように準備しておきましょう。

＊推薦入試は誰でも受けられる？

近頃、大学入試は推薦入試が人気です。私立大学の50％以上が何らかの推薦入試を使っているのだとか。

都立受験にも、一般入試の前、1月下旬に推薦入試があります。倍率が高いので、よほど優秀じゃないと受験できないと言われています。基本的には在籍する中学の校長先生の推薦さえあれば受験は可能です。

「文化・スポーツ等特別推薦」「理数等特別推薦」もありますが、ここでは「一般推薦」についての説明をします。

大前提として、推薦入試に合格したら、もう高校受験からは解放されます。以降は、ほかの学校を受験することはできません。

コロナ禍前は、集団討論がありましたが、今は行われていません。全員に10分程度の面接があります。

都立高校の推薦入試はたいてい倍率が高く（3倍程度）、合格は狭き門です。残念だった場合も落ち込まずに一般入試に向けて頑張れる力のある子、早い時期に合格していてもに浮かれてしまわない子、というように、合否どちらの状況になっても、ほかの生徒（同級生）に影響を及ぼさない子が、推薦向きです。息子たちの周囲を見ても、そういうタイプの子が推薦入試で合格していました。

内申では差がつきにくい難関校の推薦入試では、小論文や作文が合否の鍵になりますから対策は必須です。

推薦で合格した場合も、制服採寸や入学金の振り込みがすぐにありますが、招集日は3月下旬ですから、かなり時間があいてしまいます。一般入試の子たちはずっと受験勉強していますから、合格後も気を抜かないほうがいいでしょう。

推薦入試が残念な結果でも、一般入試の予行演習ができたと思えば儲けものです。

*出願と倍率

いよいよ都立の出願。

コロナ禍前は、受験する高校まで受験生の保護者が願書持参していたそうです。有職者はお休みもらわないといけません。しかし、願書を受け付けたことは確実になるのでその点は安心。

令和4年度、息子たち受ける学校は、自分たちでの郵送でした。郵便局が土曜の配達や作業をやらなくなったので、願書がきちんと届いたかどうかの心配が増しました（令和5年度はすべての高校でインターネット出願になったよう

令和４年度郵送出願イメージ図

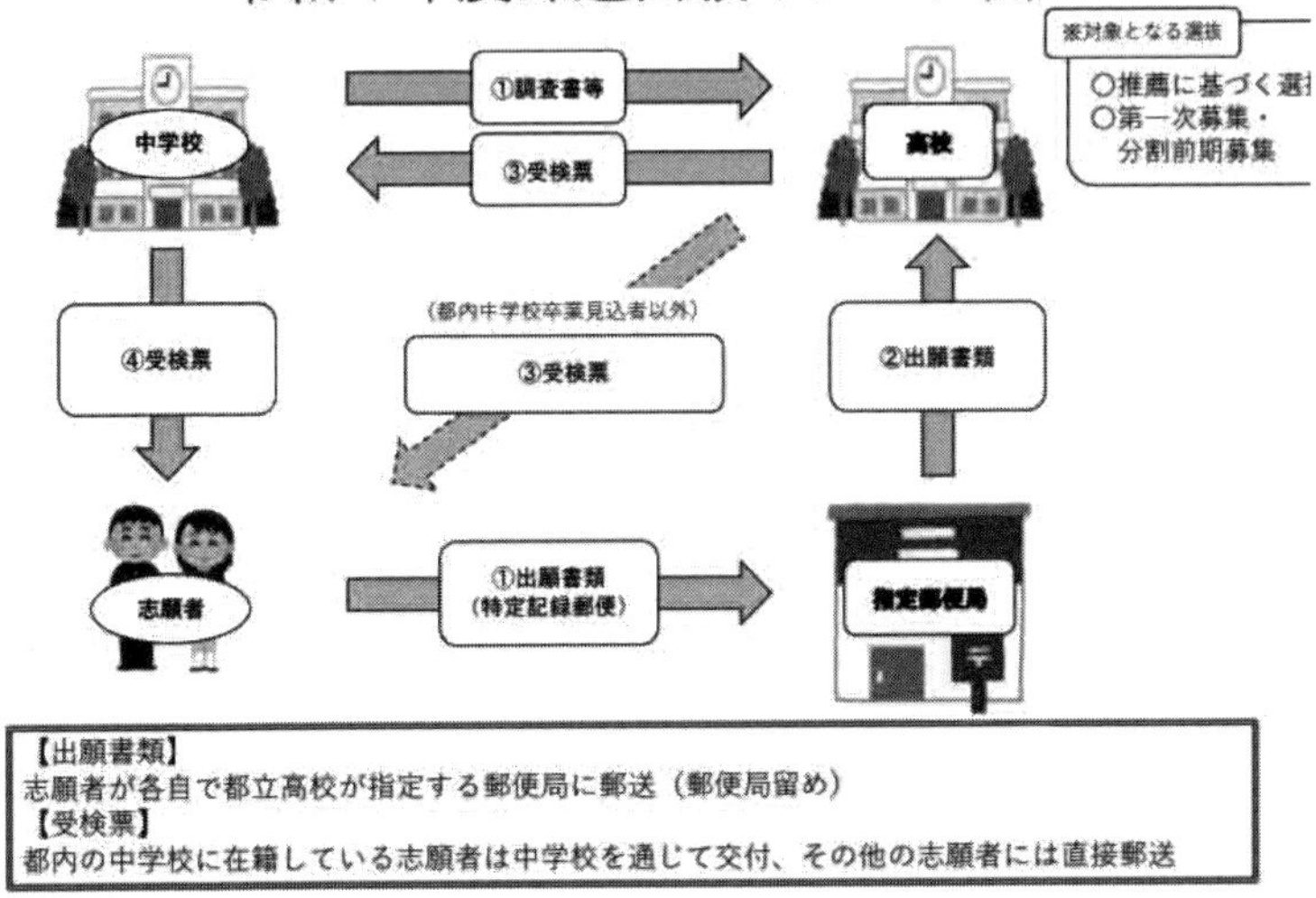

↑わかりやすく説明されているはずが、かえってわけわからない（東京都教育委員会のウェブサイトから）。

です）。

　息子たちの中学は、「この日からこの日までに郵便局の窓口から発送してください」という具体的な指示があったので、安心できました。

　書留指定だったので、高校が指定する郵便局に到着して高校が書類を回収するまではネットで確認できました。

　そして、この応募状況の結果、倍率が発表されます。その倍率を見て、一度だけ志望校を変更することができます。

　令和4年度の都立高校入試の、願書取り下げ↓再提出の志望校変更、無茶苦茶ハードなスケジュールでした。

　例年であれば、私立の併願校の合否結果を受けて、都立志望校を変更することができたのに、それができなかったのです。

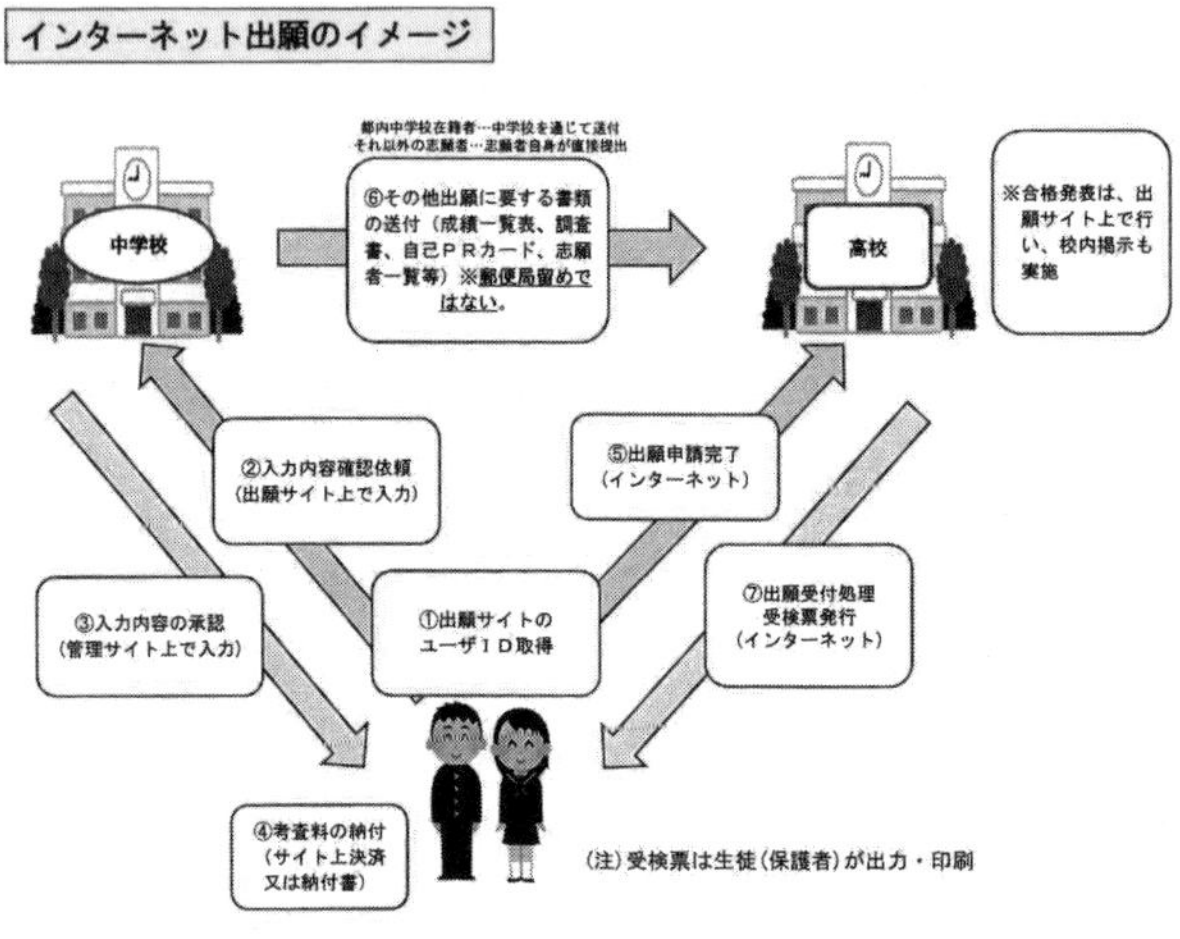

←令和５年度の出願イメージ図。相変わらず複雑（東京都教育委員会のウェブサイトから）。

ある程度のレベルの高校であれば、倍率はたいてい、今年高い↓昨年低い↓一昨年高い↓先一昨年低い、というように、交互に上下していることがほとんどです。

倍率が高いから倍率の低いところへ、と変更した高校のほうが、最終倍率が高くなることも十分考えられます。

判断材料の目安にはなりますが、倍率に左右されすぎないこと、「倍率が低い」ところではなくて「行きたい学校」を選びたいものです。

長男も次男もそれなりに倍率の出ている高校を第一志望にしていましたが、倍率に左右されることなく、初志貫徹しました。

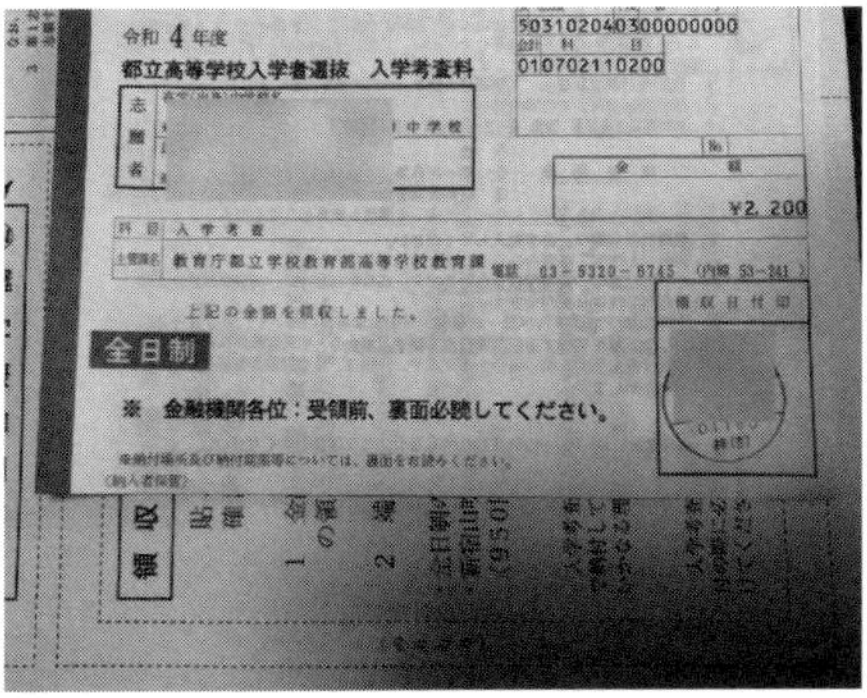

←検定料の領収書を貼ります。貼付位置が微妙に大きさのズレがあり、間違えていないか不安でした。

＊受験当日、ついていく？

2月21日（月曜日）、都立一般受験日。

私は長男の受験先へ付き添いました。コロナ禍のご時世、保護者の待機場所はありません。校舎の中に長男が入っていくのを見届けて、仕事へ向かいました。

長男の志望校は12月になって決めた学校です。いくつか最寄り駅はあるのですが、どこの駅からも学校まではやや距離があり、説明会に向かうたびに親子で迷子になった場所でした。しかし、次男の志望校は駅近でどんな方向音痴な人でも迷うことなく到着できます。

不安要素満載な長男が校舎の中に入っていく姿を見届けひと安心、会社へと向かう道すがらスマホを見ると、試験開始を遅らせるというお知らせが入っていました。

週明けの月曜、都営浅草線、京急線の人身事故で運休と遅延が発生した模様。乗っている電車が止まってしまった受験生は気が気じゃなかったことでしょう。

試験会場は（都立高校）一律で開始時刻を1時間繰り下げ。それに伴い終了時間も1時間遅くなりますとのこと。

昼食も1時間遅くなるわけで、朝早く出発した息子たちはお腹が減ってしまうのではないか、実力を発揮できないのではないか、とさすがの私も気になりました。

予定外の繰り下げで実力が出せなかった、なんてことがないといいなぁと思いながら、あちこちのサイトをちらちらチェック。

すると、東京都教育委員会のTwitterが、試験開始を1時間遅らせるお知らせを受験生に向けてアップしていました。

これ、スマホを持ち歩いて東京都教育委員会のTwitterをフォローしていないと見ることはできません。

SNSを使いこなせる大人ならまだしも、受験当日の朝、Twitterまでチェックできるような余裕ある受験生はそうそういないのではないかしら、と思いました。

公立中学では、スマホを中学校へ持ち込むことは禁止されていると思います。息子たちの中学でも、持参している子はいなかったはず。

とはいえ、受験時にスマホがないのは不安です。

入試前に配布されたプリント（左）には、原則、スマホ持参は禁止ですが、持参した場合は、朝、教室で回収して帰りに返す、というシステムになっています。持参したら、スマホは指示通りに**必ず**預けるようにしましょう。

「電源オフにしてカバンの底に入れておけばいい」なんていうインターネットの書き込みを見かけた記憶がありますが、絶対やめておいたほうがいいです。

万が一、受験最中にスマホからがアラーム音が鳴ったら大変です。

令和４年２月７日

受検者各位
受検者保護者各位

[redacted]

学力検査に基づく選抜（第一次募集）についてのお知らせ

本校の学力検査に基づく選抜（第一次募集）に応募いただき、ありがとうございます。下記の通り、学力検査を実施します。内容を確認して当日までに準備してください。

記

１　日　時　令和４年２月２１日（月）
開門　午前８時００分
集合　午前８時３０分
学力検査
第１時限　午前　９時００分　～　午前　９時５０分　国語
第２時限　午前　10時20分　～　午前　11時10分　数学
第３時限　午前　11時40分　～　午後　０時３０分　英語（リスニング含む）
＜昼食＞
第４時限　午後　１時３０分　～　午後　２時２０分　社会
第５時限　午後　２時５０分　～　午後　３時４０分　理科

２　場　所　東京都立[redacted]

３　持ち物
（１）受検票
（２）筆記用具（鉛筆またはシャープペン、消しゴム）
（３）直線定規（三角定規・分度器、分度器付きの定規は不可）
（４）コンパス
（５）上履き
（６）昼食・飲み物
（７）腕時計(時計以外の機能を備えたものは不可)

４　注意事項
（１）受検者は、全ての検査が終了するまで校外に出ることはできません。
（２）受検者以外は会場内へ立ち入ることはできません。
（３）検査会場内に時計は設置されています。携帯電話などの通信機器は持ち込み禁止です。持ち込んだ場合は、集合時から下校時までの間、本校で預かります。
（４）万一、事故等により電車が不通になって、集合時刻に間に合いそうにない場合は、早めに在籍している中学校又は本校へ連絡し、先生の指示に従ってください。
（５）ご不明な点がありましたら、[redacted]までお問い合わせください。
問い合わせ先
東京都立[redacted]

＊息抜きと体調管理

受験生の体調管理は親の役目、と言われます。

コロナ禍で、友だちを家に呼ぶことはめっきりなくなりました。息抜きに仲良しと近所に出かける程度は、許可していました。

ソーシャルディスタンスで子ども同士がじゃれ合わないので、具合の悪い子から風邪をもらってくる、ということもなくなりました。

年が明けてからは、刺身や寿司、ローストビーフ、ナマモノを食事に出すことをやめました。いつもなら飛びつく値引き食品も、受験が終わるまでしばしお預けです。

子どもたちはそうでもないのですが、私はお腹が弱いので「念には念を入れて」。親が倒れてしまったら子どもの受験どころじゃありません。

冬場の体調管理といえば「R１ヨーグルト」が、ここ数年流行っていました。

我が家は、受験期、流行り始めた「ヤクルト１０００」を息子たちに飲ませていました。

ちょうど会社にヤクルトさんが回ってくれるようになった、グッドタイミング。「ヤクルト１０００」はストレス緩和、睡眠の質向上、腸内環境改善が謳われている機能性表示食品です。とりあえず「飲んでいれば安心」的なプラセボ効果はあったはずです。値段が高いので、受験が終わったら飲ませるのはやめてしまいましたけれど。

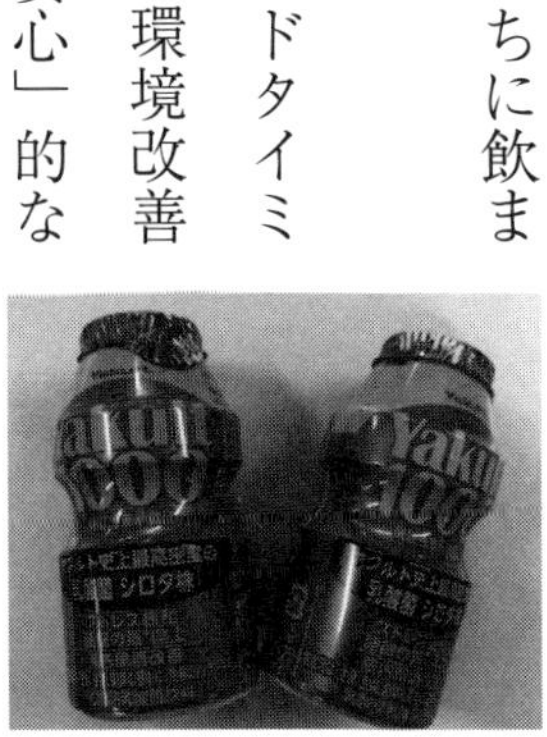

慣れない通塾が始まった次男は、疲れからか面倒になり、お風呂に入りたがらないことが続きました。もともとシャワーしか浴びない子なのですが、疲れがとれているのか、衛生的にも心配になります。

ただ、あれこれ言っても余計な軋轢を生むだけなので、この時期は本人の好きにさせるしかないです。手洗い、うがいは徹底させて、あとはできるだけ早く寝かせる。

なんとか体調を崩すことなく受験期を乗り越えられました。

「歯は夏休みの間に必ず治療しておくこと」夏休み前に、配られたプリントに書いてありました。

もちろん長男も次男もきちんと夏休みのうちに治療をすませました。

ところが、受験直前とも言える2月1日になって、歯が痛いと言い出したのが次男。

「本当は前から痛かった。でも言えなかった」ですって。

せめて冬休みに言ってくれないでしょうか？

かかりつけは休診日。でも「痛いからすぐ診てもらいたい」と次男。

しかも、前にかかっていた歯医者がいいと言い出す。今の歯医者はあんまり上手じゃないんだそう（長男も同じ歯医者ですがそんなこと言ってないけれど）。

「前にかかってたところの診察券探しておいて」と次男に言いつけました。ちゃんと探さないくせに「どこにもない」って言う、子どもって。結局、私が見つけました、診察券。

診察開始の朝9時半を待って、歯科へ予約の電話。

しかも「以前に通っていたのですが〜」って切り出すのは、大人だって結構気を使うのですけれどね。

高校受験前で緊急なんです、と無理を言って、予約と予約の隙間に入れてもらいました。3回通院して、無事、都立受験前になんとか治療終了できました。

子どもって、なんでギリギリまで言わないんでしょう。

歯の痛みって我慢して、いったんおさまったかのように感じても、必ずあとでぶり返しの痛みが倍になって襲ってきます。子どもには「歯痛（に限らず）は我慢できなくなるまで放っておかないで」と、よくよく言い聞かせておきましょう。

＊双子の進路面談

高校受験、特に都内の高校受験においては、中学校との連携プレーが大事ということが遅まきながらわかってきました。これは、経験してみないとわからないことです。

昔のマンガやテレビで見かけたような「どこの高校を受けるか、誰にも内緒」とか「受験した宝塚に受かったので、私、高校は行きません！」みたいなことは、東京都内なら、まずありえないということ。併願優遇を利用する場合、抑えで受験する私立校が決まったら中学の先生が入試相談に出向くことになっているので、「受験する高校を中学校に教えない」のはありえないのです。

進路面談も中3の秋以降はこれでもか、っていうくらい学校へ行く回数が増えました。

反抗期の息子たち（特にカッコつけの次男）は「余計なことしゃべんなよ！」と私にけんか腰です。いろいろ相談しなくてはいけないのが進路面談なのに、何を言っているんだか、です。

何度も学校に足を運ぶのが面倒、というのと、会社を何度も早退するのも気が引けるという理由から、双子親の私、息子たちの面談は、「同じ日に、ふたり分の時間を続けて設定してもらう」のが小学校からの恒例でした。先輩双子母から受け継いだならわしでもあります。

同じ学校に子どもがふたり以上通う保護者には、おなじみの方法だと思います。時短になるし、1日で済みますから一石二鳥。

しかし、進路面談、同日ふたりの3者面談は仇《あだ》となりました。

進路面談も大詰めとなり、長男と次男の受験の話が混乱してしまうのです。

スペックの低い私の頭では、受験情報が整理しきれなくなりました。

整理しきれない情報と、心理的負担は日に日に大きくなっていきます。

子どもの人生の分岐点でもある、高校受験。ふたり分の保護者作業は「荷が重い」以外の言葉で表せません。

どうにかして、頭を整理させる時間を、負担を減らす方法はないものか。このままでは受験本番に大変なことをしでかしてしまう予感がします。何か良い方法はないかと考えてみました。

そこで思いついたのは、ふたりの面談を別日に設定してもらうこと。

連日学校へ足を運ぶのは面倒ですが、今日は長男の日、今日は次男の日、日にちを分けたことで、面談内容の混乱は避けられるようになりました。

案外単純かつ、すぐに思いつきそうな方法ですが、煮詰まっていると思い浮かばないもの。

同時進行受験生の親って、よほどのキャパシティがないとムリです。

人間的にポンコツな私が双子の受験生の母を乗り越えられたのは、奇跡かもしれません。

＊学校説明会、私立と都立

学校説明会も、夏休みから本気モード。

連日の参戦です。

２０２１年の夏も暑かった。持ち物として、日傘、飲み物、汗拭きタオルは必須。冷房がききすぎて寒いときに羽織れる、ショールやカーディガンがあってもいいかもしれません。最寄駅からは同じ目的地を目指す親子がいるので、道に迷うことは少なかったです。それでも、何度かは迷いました。スマホの地図アプリも便利ですが、充電が減るのが早い。やっぱり紙に印刷したものがあると安心です。時間には余裕を持って出かけましょう。

学校は駅からはちょっと離れているところもありました。夏場はヘトヘトになりながら学校へ到着。

ペットボトルの飲み物を用意してくれる私立高校は「神」に見えました。

都立はエアコンの効きはいまいちのところが多かったです。汗がいつまでもひかなくて困りました。扇子を持参するといいかもしれません。配布された学校のパンフレットであおいでいる人もいましたが……それは控えたほうがいいかなと思いました。駅から学校までの徒歩の時間帯が暑すぎたり、他の参加者の態度がいまいちだったり、ちょっとした理由から、その学校の印象が左右されることもありました。

私立の先生は大抵、しゃべりもうまく惹き込まれます。愛校心がある先生は、学校のアピールや生徒の思い出をあれこれを語ってくれて、感極まった様子になったり。受験生の親に寄り添った、いたわりの言葉をかけてくれたり。冷房のきいた室内とペットボトルのお茶。至れり尽くせり、真夏の説明会の連続で疲れ切った心を癒やしてくれるような……。

初秋までは「いっそのこともう、私立単願でもいいかな」なんて思っていました。

都立の先生はなんていうか、「都の要請に従う」感が、コロナ禍で顕著になった感じがしました。

もちろんどの都立高も、というわけでないのですが。ルーティーンっぽいというか、やらされ感が垣間見えることが多くて（もちろん、先生方も大変なのは重々承知のうえ）。

そんなときは何となく、私立に傾きがちになります。

先立つものさえあれば、私立……いいな。

現実問題「やっぱり都立だよね」になるのですが、それはもう少し後のことでした。

＊筆記用具ほか持ち物あれこれ

ただでさえ、反抗期の受験生。伴走する親は、少しでもストレスを減らしておくべし。「弘法筆を選ばず」といいますが、そこまでびっくりするような価格ではないので、文房具くらいは好きなものを選ばせてました。赤ペンと蛍光ペン一本あれば十分ですが、ほしいというなら色とりどりのペンもいいかもしれません。筆箱の新調も受験に向けて気合が入るかも。

長男は小さい頃は鉛筆を折るわ、消しゴムを細かくちぎるわ、ボールペンやシャープペンを破壊するわ（これは今も）、筆箱は落書きだらけ。何度も叱りつけてはいましたが、いまだに改善せず。文具へのこだわりはそれほどではないので、私立の学校説明会でもらったシャープペンやボールペンを与えていました。

次男は長男に比べたら物を大切に使うほうですが、新品をあれ買えこれ買えというタイプ。

受験を控えた冬休みは、シャープペンが欲しいと言われコラボシャープペン（千円超え）を買わされました。

消しゴムやシャープペンの芯は、ある程度スペアを用意しておきます。

都立高の受験にはコンパスが必須なのですが、本番1週間前、近所の文具店ではなんと売り切れていました。「早く買っても無くしちゃうから、直前に買えばいいや」は危険。あわてないように、余裕を持って準備しておいたほうがいいです。

手がかじかむと、マークシートを塗りつぶすのも大変。手を温めるカイロは必須です。

携帯用カイロ、いわゆる使い捨てのカイロはバ

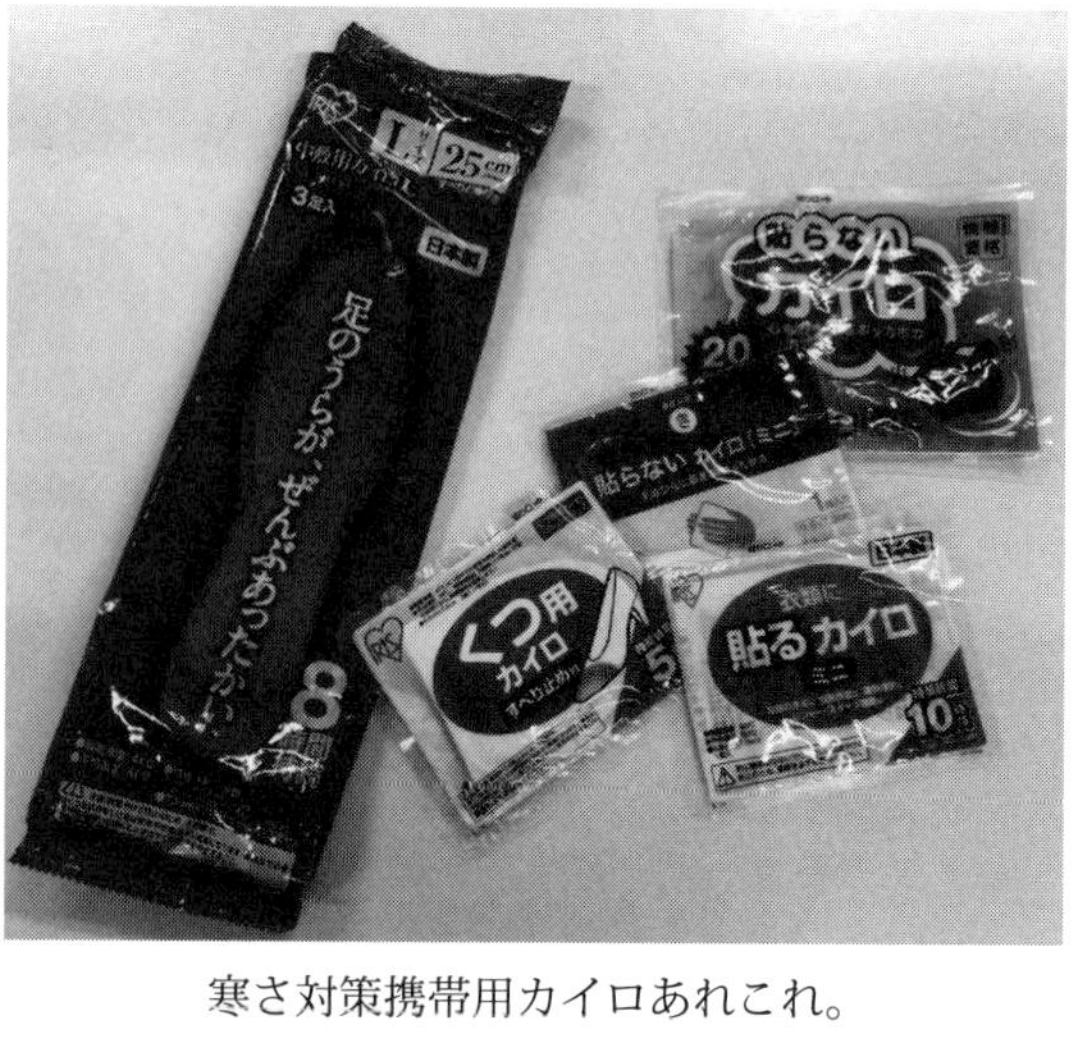

寒さ対策携帯用カイロあれこれ。

リエーション豊富です。

大きいものから小さいものまで、その中間の大きさのもの、貼るタイプ、貼らないタイプ、靴に入れるタイプ、靴下に貼るタイプ……。子どもが好みのものを店頭で選ばせるようにしました。

昨冬は、低温タイプや超ミニサイズも見かけました。うちの子たちは、貼らないタイプで小さいものが好みなので、それを切らさないようにストックしていました。

「使わないからいらない」という子に無理やり使わせなくてもいいのですが、カバンの中に入れておくと安心です。

都立高校、冬場はかなり冷え込みます。寒い時期の説明会に参加するときにも携帯用カイロ必須です。

＊親の息抜き

コロナ禍の受験期は、親の息抜きもしにくいことったらありませんでした。

感染の心配がなければ、保護者会の後にクラスのママたちと情報交換もできたでしょうし、夜な夜な友人に、飲みながらでも愚痴を聞いてもらったりもできたはずなのに……。

「緊急事態宣言」もあり、映画、ショッピング、カフェでくつろぐなんてのも、気軽にはできませんでした。

本当ににっくきコロナです。

出かけずに息抜きできることといえば、読書やネットサーフィン、ゲームくらいでしょうか。

私は動画配信サイトでのドラマ視聴が息抜きのおともでした。というより、とっぷり沼に浸かりいまだに抜け出していません。隙間時間にスマホで手軽に鑑賞できるのがありがたい限り。

サブスク（サブスクリプション）万歳です。

見逃し番組の視聴もいいですが、私のおすすめは韓国ドラマ。２０２１年の夏は、ちょうど『イカゲーム』が流行っていました。

韓国ドラマといえば、『冬のソナタ』くらいで、印象が止まっちゃっている人も多いかもしれません。もしくは『愛の不時着』でハマった人も多いのでは。

いろいろなジャンルが山のようにありますが、私は中でも「マクチャン」（＝どんづまり、とんでもない状況）と呼ばれるドラマが好みです。ありえない設定とスピード展開がクセになります。ストーリーの急展開が繰り返されるので、飽きることがありません。韓国ドラマにありがち、実際は絶対にできないカーチェイスのシーンも大好物です。

韓国の学歴社会のねじれを描いた『ＳＫＹキャッスル〜上流階級の妻たち〜』はおすすめドラマの一つですが、高校受験生の親にも響くものがあるかもしれません。

ちなみにＳＫＹは韓国の最難関の大学の頭文字からとったものです。

Ｓはソウル大学
Ｋは高麗大学
Ｙは延世大学

「ＳＫＹでなければ認めない」という風潮が韓国上流社会ではあるのだとか。

日本の大学であてはめると、Ｓが東大、ＫＹは早慶とのことです。

ほほう、なるほど、という感じ。

調べた限りですが、韓国の学歴社会は日本以上。中高生は部活もやらずに（基本的にスポーツをやるのはオリンピックを目指すような一部だけ）、23時まで勉強するのが当たり前、というのですから本当に大変です。日本の共通テストのような大学修学能力試験の当日は試験会場に卒業生が集まって応援したり、試験に影響がないように会社の始業を遅らせたり、国を上げての一大行事だとか。

最近の韓ドラは16話で完結するものが多く、イカゲームにいたっては全9話。隙間時間をつなぎあわせれば、あっという間に最後まで観ることができます。

日常ではありえない展開を好むのは、それただの現実逃避、という気がしなくもないですが。いいんです、現実逃避、受験生の母、見たくない現実を突きつけられる毎日なんですから。

寝不足になるほどハマってしまったところで「無駄な時間過ごしちゃった」と、マイナスに捉える必要は全くないい、とここに断言します。

ドラマを観たあとは、自分の世界観は、間違いなく広がっているはずなのです。

＊昔の高校受験ノウハウ本を読んでみた

成績や内申をあげるための本はたくさんあるのですが、高校受験のノウハウ本は、なかなか見当たりません。検索してようやく見つけたのは、地元の図書館の保存庫にあった『首都圏版　お母さんのための高校受験　偏差値内申書の基礎知識』（みずうみ書房）昭和63年7月8日初版発行。

まず、書名に衝撃です。

「お母さんのための～」ってどうなのでしょう。高校受験の全責任がお母さんですか、と言うような。今ならこの書名で刊行されることはまずないでしょう。

目次はこんな感じです。

1　今、受験とは？

2「偏差値」って何？
3「内申書」って何？
4 お子さんの学力と健康維持のために
「進学塾」「夜食」「勉強部屋」を考えよう
5 お母さんのための「教育ローン」の基礎知識

なんだか、わかるようなわからないようなラインナップです。首都圏版、と表紙に謳っているものの、内容はそれほどピンポイントに首都圏対象ではないような印象を受けました。

あしらわれたイラストも「ザ昭和」。母親が学校に出向くときの格好が着物姿（↓）時代を感じさせます。さらに目次の5、金利が安い時代だったとはいえ、教育ローンを高校入試から考えるの

Q 中学校では、進路決定時になると、三者面談が行われるそうですが、三者面談とはどんなものですか？
A 三者面談は、お子さんの志望校（受験校）決定に欠かせないもので、担任の先生、お子さん本人、お母さんの3人を交えた面談です。ここで、それぞれの立場から、希望や意見を出し、お子さんの受験校を決定するわけです。この三者面談は、どこの公立中学校でも3年になると行われます。

はどうなんだろうかと思いつつ。もちろん、まだ、授業料無償化制度はなかった頃です。

書籍が発行された昭和63年は西暦でいうと1988年、34年前です。青函トンネルが開通、ソウルオリンピックの開催年、都立高校受験はグループ選抜の時代です。

学校と学区のグループは下の図表の通り（統廃合等により、現在はもう存在しない高校も多数あります）。

居住地から受験できるグルー

都立全日制普通科高等学校の学区と学校のグループ

学区	グループ	高等学校
第1学区 千代田区 港区 品川区 大田区	第11グループ	九段、一橋、日比谷、赤坂、城南、三田
	第12グループ	大崎、小山台、八潮、大森、田園調布、南、雪谷、羽田、蒲田、大森東
第2学区 新宿区 目黒区 世田谷区 渋谷区	第21グループ	赤城台、戸山、駒場、都立大学附属、目黒、青山、新宿、広尾
	第22グループ	桜町、玉川、千歳、千歳丘、深沢、松原、明正
第3学区 文京区 杉並区 練馬区	第31グループ	鷺宮、富士、武蔵丘、荻窪、杉並、豊多摩、西、永福
	第32グループ	井草、大泉、石神井、練馬、光丘、大泉北、大泉学園、田柄
第4学区 文京区 豊島区 北区 板橋区	第41グループ	小石川、竹早、向丘、豊島、文京、北、城北
	第42グループ	板橋、大山、北園、北野、志村、高島
第5学区 中央区 台東区 荒川区 足立区	第51グループ	京橋、日本橋、紅葉川中央、上野、忍岡、白鷗、竹台
	第52グループ	足立、江北、淵江、足立西、足立東、青井、足立新田
第6学区 墨田区 江東区 葛飾区 江戸川区	第61グループ	墨田川、本所、両国、葛飾野、南葛飾、水元、墨田川堤
	第62グループ	深川、東、城東、江戸川、小岩、小松川、葛西南、篠崎、紅葉川

学区	グループ	高等学校
第7学区 八王子市 町田市 日野市	第71グループ	富士森、南多摩、片倉、八王子東、八王子北、館、日野、日野台、松が谷、南平
	第72グループ	町田、忠生、野津田、成瀬、小川、山崎
第8学区 立川市 青梅市 昭島市 福生市 東大和市 武蔵村山市 秋川市 羽村町 瑞穂町 日の出町 五日市町 檜原村 奥多摩町	第81グループ	北多摩、立川、砂川、昭和、拝島、東大和、武蔵村山、武蔵村山東、東大和南
	第82グループ	多摩、青梅東、福生、秋留台、羽村、五日市
第9学区 武蔵野市 小金井市 小平市 東村山市 国分寺市 田無市 保谷市 清瀬市 東久留米市	第91グループ	武蔵、武蔵野北、小金井北、保谷、久留米、久留米西、田無
	第92グループ	小平、小平西、東村山、国分寺、清瀬、清瀬東、小平南、東村山西
第10学区 三鷹市 府中市 調布市 国立市 狛江市 多摩市 稲城市	第101グループ	三鷹、神代、調布北、調布南、狛江
	第102グループ	府中、府中東、府中西、国立、永山、南野、稲城

ブがあらかじめ決められているので、その中から「あなたの成績からだと、だいたいこの学校くらいですね」と受験する高校も勝手に決められてしまうという仕組みだったのです。今じゃ考えられないシステムです。

地方によっては今でも「あなたの成績からだと、だいたいこの学校となります」、というように受験する学校も決められているような感じだとか。

すべての高校受験生が納得できる受験ができますように、と祈るばかりです。

＊合格してから

まえがきに書いた通り、息子たちは第一希望の都立高校に合格しました。

中学からの指示は、合格発表のウェブサイトを自宅で確認したら、結果を電話で中学校に連絡。合格者はその後、各自高校へ向かい入学手続きと制服採寸。これが発表当日の流れです。手続きと制服採寸は、子どもだけでも可と書いてあった気がしますが、よほどしっかりしている子じゃなければ無理ではないかな、という感じでした。

入学手続き&制服採寸は、受験番号によってあらかじめ時間帯が決められていました。

長男は午前、次男が午後、ちょうど時間帯が分かれていたので、私は高校をはしごです。

次男の学校の制服採寸のあと、学校が控えておかなくてはいけない用紙（カーボン用紙）も保護者控えと一緒に渡されていました。上履き採寸の担当の人が、手に持っていた私の様子に気づいてくれたため、その場でミスがわかり助かりました。学校控えがなかったら、次男の制服を作ってもらえず、あやうく制服難民になるところでした。採寸は、もちろん制服会社の人もいますが、なかには派遣のアルバイトもいるので要注意です。

その後、都内では、4月入学式前に一部の制服が届かないというニュースが駆け巡りました。せっかくの入学式に制服が届かないなんて、悲しすぎます。

長男の制服とジャージは値上がりしたばかり、ふたりの体操着、上履き、体育館履き、教科書代金も含め20万円以上はかかりました。しかも、どれもバラバラと、いつ届くかわからない上に、現金の着払いです。家に大金を用意しておかなくてはならなくて不安でした。クレジットカードや電子マネーで払えないのは本当に不便。これは、どうにかしてもらいたいところです。

進学ってお金がかかるんだなと改めて実感しました。

令和4年1月

保護者の皆様へ

東京都教育委員会

都立高等学校の入学料の納付について

都立高等学校へ入学する際には、入学料を納付していただきます。

つきましては、合格発表後、下記のとおり納付手続をお願いいたします。

記

1　入学料

全日制課程	5,650円
定時制課程	2,100円

2　入学料の納付方法

（1）　合格発表時に配布する「納入通知書兼領収証書」により、以下の納付場所で納めてください。

納付場所	東京都指定金融機関 東京都指定代理金融機関 東京都公金収納取扱店 （ゆうちょ銀行を含む。）	銀行、信用金庫 信用組合、農協
	※郵便局でも納付することができます。	

備考：「納入通知書兼領収証書」は、上記金融機関の、Pay・easy（ペイジー）に対応しているATM、インターネットバンキング又はモバイルバンキング等を利用して納付することができます。ただし、一部利用することができない場合もあります。

（2）　納付後の「領収証書」（郵便局等で納付した場合は「払込金受領証」）は、後日、入学予定の校長が指定する期間に提示していただくことがありますので、大切に保管してください。
なお、Pay・easy（ペイジー）で納付した場合は、念のため、納付日及び金融機関名を控えておいてください。

（3）　納付期間は、以下の表のとおりです（納入期限：合格発表の翌日から起算して5日以内。ただし、5日目が土・日・祝日に当たる場合はその翌営業日。）。

合格発表日	納付期間
2／2（水）	2／2（水）～2／7（月）
2／17（木）	2／17（木）～2／22（火）
3／1（火）	3／1（火）～3／7（月）

合格発表日	納付期間
3／15（火）	3／15（火）～3／22（火）
3／28（月）	3／28（月）～4／4（月）

3　入学料減免制度について
入学料の納付が経済的に困難な家庭につきましては、入学料を免除又は1／2減額する制度があります。入学料減免申請書の配布・受付・審査・決定は、入学を志願した高等学校で行います。

なお、入学料減免申請の受付期間は、上記2（3）の納付期間と同じです。受付期間経過後は、入学料減免申請は受け付けませんので、希望される方は、早めに入学を志願した高等学校の経営企画室に御相談ください。

入学料の減免を申請された方は、「納入通知書兼領収証書」を必ず経営企画室へ返却し、減免の許可又は不許可が決定するまで入学料を納付しないでください。

審査の結果、減額の許可決定又は減免の不許可決定を受けた方は、改めてお渡しする納付書により、指定された期日までに、上記2（1）の納付場所で納付してください。

4　その他
（1）　入学料の納付がない場合、入学確約書は無効となります。
（2）　納付された入学料は、還付いたしません。

学校選びのポイント

□ **立地**……家からの距離と学校最寄り駅からの距離や、学校周囲の治安もチェック

□ **通いやすさ**……通学経路を確認。電車通学なら通学時間帯に乗車して確認

□ **難易度**……上を目指すか、ほどほどで余裕で過ごすか

□ **進学実績**……あくまで目安だが、傾向がわかる

□ **制服あるなし**……自分の好みに応じて

□ **バイト可否**……禁止されていても、申請すれば許可されることが多い

□ **校則**……厳しくないほうが好みなら都立上位校しかないかも

□ **プール**……都心の私立高はプールがないところも多い

□ **部活**……加入率100％以上、兼部が当たり前という高校もある

□ **マラソン大会や合唱祭**……長距離走大会というように名称が違う場合も

□ **スマホの取扱**……授業中にスマホが鳴ったら即没収というところもある

お役立ちサイト&情報

筆者が高校受験の時期に参考にしたサイトです。

・ひのき三軒茶屋

進学塾の講師がYouTubeで都立高校受験に関する情報を発信。

https://www.youtube.com/channel/UCwmsQbl5vbEO5zhjEMWY-sw

・都立に入る!

こちらも塾講師による発信。志望校相談(有料)も受け付けている。

https://blog.goo.ne.jp/toritsukoko

・**高校受験ナビ**

掲示板の書き込みは割と本音っぽい。

https://www.zyuken.net

・**Ｙａｈｏｏ！知恵袋**

都立受験、都立高校などで検索するとリアルな質問と回答が読める。

https://chiebukuro.yahoo.co.jp

・**みんなの高校**

検索するとトップに出てくるようなクチコミサイト。

https://www.minkou.jp/hischool/

・**ＬＩＮＥのオープンチャット**

「高校受験」「保護者」「親」等で検索するとテーマに沿ったオープンチャットが見つかるかも。

・**進研ゼミ**

言わずと知れたベネッセの高校入試情報サイト

https://czemi.benesse.ne.jp/open/nyushi/article/13/

・インターネットで発表される都立受験の情報の掲載は、**産経新聞**が早かったように思います（倍率発表など）。

受験期のつぶやき

・今朝の都立高校、小さな会議室が説明会場で、暖房の温風口で暖をとろうと手のひら向けたんだけどあったかくない、なんで、とよくみたら「シュレッダー」って書いてあった（1月8日）

・のりしろ、って書いてないから糊付けしなくていいはず、と次男。そんなわけないだろー（緑の封筒）

・高校決まってからもお金がとんでいく。入学金だってふたり分だから1万1300円！

感染が不安だったので保護者単身で合格祈願、関東3大天神に神頼み。

谷保天満宮の近所で出会った猫。

【2019年7月、息子たち当時中1で、在籍中学が開催した学校説明会に参加した際のメモ】

A高校

・毎年1000程度が名受験、ほぼ第1希望ではない子が受験。欠点は、とにかく敷地が狭いとのこと。パンフレットみてても狭さがわかるので、本当に狭そう。

B高校

・場所柄か、説明の先生もおしゃれ。特進コースとかない。B大学への無試験推薦（約2割）は3年の2学期まで。パンフレットには、某有名人数名も卒業生として載っている。

C高校

・週37時間。土曜も4時間授業。いわゆる、塾の補習室みたいなシステムで毎日20時まで使える。温水プール、全員がタブレットPC購入。都立D高校、都立E高校の併願校として受験する人が多い。

F高校

・女子が七割。近いからいいかなーと勝手に思ってたけれど、どうだろう。女子サッカーがウリのよう。

G高校

・某運動部活と某運動部活に推薦枠あり。ということで、うちには縁がなさそう。いかにも都立というイメージ。もとは女子校だったんだね。男子は詰め襟。

H高校

・オール3で、合格します。これ以上偏差値はあげません、と断言。

【2022年2月20日、都立受験前日のメモ】

・結局、本気らしい本気はふたりとも見られず。

・秋篠宮悠仁様や、太維志くん（ジャガー横田氏息子）という、生まれながらに注目される同級生。ワリエワ選手（フィギュアスケート）も15歳、何気に有名人多し。

・次男の学校は駅から徒歩5分なので、駅から迷う長男についていきます。次男はおそらく同じ中学から受験の子はいないのですが、長男は5人くらいいるので（いわゆる人気校）息子ひとりだけ落ちることのないようにしてほしい（切実）

・そういえば都立受験の子はみんな前日は登校していなかったらしい。ゴメンよ～家にふたりいると喧嘩になるしお昼代かかるし そんなこんなで都立が本命な2人とも抑えを受けさせるような余裕はなく。だって受験料2万円超。×2よ？

・そして次男に至ってはどうしても「共学」、を譲らないし、そこで次男は抑えなし、1次落ちたら定員割れの近隣校を2次募集で。というように都立だけを受けることにしました。学校見学してみて、人気ない割には雰囲気は悪くなかったし、次男も、落ちたらここでもOKということで。まだまだ先は長い。というか、あっという間に大学受験になってしまいそう。

【受験前の冬休み、2021年12月29日のメモ】

・長男、塾なし、〇〇〇ゼミのみでここまで。過去2回くらい△ゼミナールの季節講習を受けさせたことはあるが、とにかく塾は嫌だとの本人の意向を尊重。しかし、毎日音ゲーしてるし英検は二次で落ちるし、対策全くしなかった。

・長男は4日間□□の冬期講習、3教科やってもらうことにした。

【小6の秋、2018年9月に都立高校の文化祭に行った時のメモ】

・行けるうちに行っておかねば、とまだまだ早いけど、長男と。中学は同じでも、学力的に高校は絶対に別々になると思うので。ふたりぶんだから、前倒ししとくのは悪くないと思うのよ。

・会社行くのと同じくらいに家を出て、一番乗り。合唱と演奏だけみて帰るつもりが、楽しくて他にもまわってきた。共学良いなーたのしそう！　いつも前を通り過ぎるだけの学校の中に入れたのがなんかうれしい。

性格も学力も志向も違う双子を
ひとりでサポートした母親の
都立高受験リアル回顧録

2023年1月25日　初版第1刷発行

編著者　都立高受験回顧録編集委員会
発行者　小野道子
発行所　株式会社 一 藝 社
〒160-0014 東京都新宿区内藤町1-6
Tel. 03-5312-8890　Fax. 03-5312-8895
E-mail : info@ichigeisha.co.jp
http://www.ichigeisha.co.jp
振替　東京 00180-5-350802
印刷・製本　モリモト印刷株式会社

ISBN 978-4-86359-270-4　C0037